ARTHUR SCHOPENHAUER

Vom Genie

Selbstdenken

ARTHUR SCHOPENHAUER

Vom Genie

aus
»Die Welt als Wille und Vorstellung«
(Auszug)

Selbstdenken

aus
»Parerga und Paralipomena«

mit leichter Anpassung
stark veralteter Schreibweise

herausgegeben von
Dirk Bertram

Bibliografische Information der Deutschen Nationalbibliothek:

Die Deutsche Nationalbibliothek verzeichnet diese Publikation in der Deutschen Nationalbibliografie; detaillierte bibliografische Daten sind im Internet über http://dnb.dnb.de abrufbar.

Zitat Umschlag vorn:
Brief LeoTolstois vom 30.08.1869 an den russischen Dichter Afanassi Schenschin, (Quelle: Richard Gebhard, Schopenhauer und Tolstoi, in: 1. Jahrbuch der Schopenhauer - Gesellschaft, Kiel 1912, S. 25)
Zeichnung Umschlag hinten: Wilhelm Busch

© 2019 herausgegeben von Dirk Bertram, Ennigerloh (NRW)
Herstellung und Verlag: BoD – Books on Demand, Norderstedt

ISBN: 978-3-7494-2129-9

Inhaltsverzeichnis

Vom Genie

Die überwiegende Fähigkeit zu der in den beiden vorhergegangenen Kapiteln [Kapitel 29 „Von der Erkenntnis der Idee"; Kapitel 30: „Vom reinen Subjekt des Erkennens"] geschilderten Erkenntnisweise, aus welcher alle echten Werke der Künste, der Poesie und selbst der Philosophie entspringen, ist es eigentlich, die man mit dem Namen des Genies bezeichnet. Da dieselbe demnach zu ihrem Gegenstande die Platonischen IDEEN hat, diese aber nicht *in abstracto*, sondern nur ANSCHAULICH aufgefaßt werden; so muß das Wesen des Genies in der Vollkommenheit und Energie der ANSCHAUENDEN Erkenntnis liegen. Dem entsprechend hören wir als Werke des Genies am entschiedensten solche bezeichnen, welche unmittelbar von der Anschauung ausgehen und an die Anschauung sich wenden, also die der bildenden Künste, und nächstem die der Poesie, welche ihre Anschauungen durch die Phantasie vermitteln. – Auch macht sich schon hier die Verschiedenheit des Genies vom bloßen Talent bemerkbar, als welches ein Vorzug ist, der mehr in der größeren Gewandtheit und Schärfe der diskursiven, als der intuitiven Erkenntnis liegt. Der damit begabte denkt rascher und richtiger als die Übrigen; das Genie hingegen schaut eine andere Welt an, als sie Alle, wiewohl nur indem es in die auch ihnen vorliegende tiefer hineinschaut, weil sie in seinem Kopfe sich objektiver, mithin reiner und deutlicher darstellt.

Der Intellekt ist, seiner Bestimmung nach, bloß das Medium der Motive: demzufolge faßt er ursprünglich an den Dingen nichts weiter auf, als ihre Beziehungen zum Willen, die direkten, die indirekten, die möglichen. Bei den Tieren, wo es fast ganz bei den direkten bleibt, ist eben darum die Sache am augenfälligsten: was auf ihren Willen keinen Bezug hat, ist für sie nicht da. Deshalb sehen wir bisweilen mit Verwunderung, daß selbst kluge Tiere etwas an sich Auffallendes gar nicht bemerken, z.b. über augenfällige Veränderungen an unserer Person oder Umgebung kein Befremden äußern. Beim Normalmenschen kommen nun zwar die indirekten, ja die möglichen Beziehungen zum Willen hinzu, deren Summe den Inbegriff der nützlichen ausmacht; aber in den BEZIEHUNGEN bleibt auch hier die Erkenntnis stecken. Daher eben kommt es im normalen Kopfe nicht zu einem ganz rein objektiven Bilde der Dinge; weil seine Anschauungskraft, sobald sie nicht vom Willen angespornt und in Bewegung gesetzt wird, sofort ermattet und untätig wird, indem sie nicht Energie genug hat, um aus eigener Elastizität und ZWECKLOS die Welt rein objektiv aufzufassen. Wo hingegen dies geschieht, wo die vorstellende Kraft des Gehirns einen solchen Überschuß hat, daß ein reines, deutliches, objektives Bild der Außenwelt sich ZWECKLOS darstellt, als welches für die Absichten des Willens unnütz, in den höheren Graden sogar störend ist, und selbst ihnen schädlich werden kann; – da ist schon, wenigstens die Anlage zu jener Abnormität vorhanden, die der Name des GENIES bezeichnet, welcher andeutet, daß hier ein dem Willen, d.i. dem eigentlichen Ich, Fremdes, gleichsam ein von Außen hinzukommender GENIUS, tätig zu werden scheint. Aber ohne Bild zu reden: das Genie besteht darin, daß die erkennende Fähigkeit bedeutend stärkere Entwicklung erhalten hat, als der DIENST DES WILLENS, zu welchem allein sie ursprünglich entstanden ist, erfordert. Daher könnte, der Strenge nach, die Physiologie einen solchen Überschuß der Gehirntätigkeit und mit ihr des Gehirns selbst, gewissermaßen den *monstris per excessum* beizählen, welche sie bekanntlich den monstris per defectum und denen per situm mutatum nebenordnet. Das Genie besteht also in einem abnormen Übermaß des Intellekts, welches seine Benutzung nur dadurch finden kann, daß es auf das Allgemeine des Daseins verwendet wird; wodurch es alsdann dem Dienste des ganzen Menschengeschlechts obliegt, wie der normale Intellekt dem des Einzelnen. Um die Sache recht faßlich zu machen, könnte man sagen: wenn der Normalmensch aus 2/3 Wille und 1/3 Intellekt besteht; so hat hingegen das Genie 2/3 Intellekt und 1/3 Wille. Dies ließe sich dann noch durch ein chemisches Gleichnis erläutern: die Basis und die Säure eines Mittelsalzes unterscheiden sich dadurch, daß in jeder von Beiden das Radikal zum Oxygen das umgekehrte Verhältnis, von dem im anderen, hat. Die Basis nämlich, oder das Alkali, ist dies dadurch, daß in ihr das Radikal überwiegend ist gegen das Oxygen, und die Säure ist dies dadurch, daß in ihr das Oxygen das Überwiegende ist. Eben so nun verhalten sich, in Hinsicht auf Willen und Intellekt, Normalmensch und Genie. Daraus entspringt zwischen ihnen ein durchgreifender Unterschied, der schon in ihrem ganzen Wesen, Tun und Treiben sichtbar ist, recht eigentlich aber in ihren Leistungen an den Tag tritt. Noch könnte man als Unterschied hinzufügen, daß, während jener totale Gegensatz zwischen den chemischen Stoffen die stärkste Wahlverwandtschaft und Anziehung zu einander begründet, beim Menschengeschlecht eher das Gegenteil sich einzufinden pflegt.

Die zunächst liegende Äußerung, welche ein solcher Überschuß der Erkenntniskraft hervorruft, zeigt sich meistenteils in der ursprünglichsten und grundwesentlichsten, d.i. der ANSCHAUENDEN Erkenntnis, und veranlaßt die Wiederholung derselben in einem Bilde: so entsteht der Maler und der Bildhauer. Bei diesen ist demnach der Weg zwischen der genialen Auffassung und der künstlerischen Produktion der kürzeste: daher ist die Form, in welcher hier das Genie und seine Tätigkeit sich darstellt, die einfachste und seine Beschreibung am leichtesten. Dennoch ist eben hier die Quelle nachgewiesen, aus welcher alle echten Produktionen, in jeder Kunst, auch in der Poesie, ja, in der Philosophie, ihren Ursprung nehmen; wiewohl dabei der Hergang nicht so einfach ist.

Man erinnere sich hier des im ersten Buche erhaltenen Ergebnisses, daß alle Anschauung intellektual ist und nicht bloß sensual. Wenn man nun die hier gegebene Auseinandersetzung dazu bringt und zugleich auch billig berücksichtigt, daß die Philosophie des vorigen Jahrhunderts [des 18. Jahrhunderts] das anschauende Erkenntnisvermögen mit dem Namen der »unteren Seelenkräfte« bezeichnete; so wird man, daß ADELUNG, welcher die Sprache seiner Zeit reden mußte, das Genie in »eine merkliche Stärke der unteren Seelenkräfte« setzte, doch nicht so grundabsurd, noch des bitteren Hohnes würdig finden, womit JEAN PAUL, in seiner Vorschule der Ästhetik, es anführt. So große Vorzüge das eben erwähnte Werk dieses bewunderungswürdigen Mannes auch hat; so muß ich doch bemerken, daß überall, wo eine theoretische Erörterung und überhaupt Belehrung der Zweck ist, die beständig witzelnde und in lauter Gleichnissen einherschreitende Darstellung nicht die angemessene sein kann.

Die ANSCHAUUNG nun aber ist es, welcher zunächst das eigentliche und wahre Wesen der Dinge, wenn auch noch bedingter Weise, sich aufschließt und offenbart. Alle Begriffe, alles Gedachte, sind ja nur Abstraktionen, mithin Teilvorstellungen aus jener, und bloß durch Wegdenken entstanden. Alle tiefe Erkenntnis, sogar die eigentliche Weisheit, wurzelt in der ANSCHAULICHEN Auffassung der Dinge; wie wir dies in den Ergänzungen zum ersten Buch ausführlich betrachtet haben. Eine ANSCHAU-LICHE Auffassung ist allemal der Zeugungsprozeß gewesen, in welchem jedes echte Kunstwerk, jeder unsterbliche Gedanke, den Lebensfunke erhielt. Alles Urdenken geschieht in Bildern. Aus BEGRIF-

FEN hingegen entspringen die Werke des bloßen Talents, die bloß vernünftigen Gedanken, die Nachahmungen und überhaupt alles auf das gegenwärtige Bedürfnis und die Zeitgenossenschaft allein Berechnete.

Wäre nun aber unsere Anschauung stets an die reale Gegenwart der Dinge gebunden; so würde ihr Stoff gänzlich unter der Herrschaft des Zufalles stehen, welcher die Dinge selten zur rechten Zeit herbeibringt, selten zweckmäßig ordnet und meistens sie in sehr mangelhaften Exemplaren uns vorführt. Deshalb bedarf es der PHANTASIE, um alle bedeutungsvollen Bilder des Lebens zu vervollständigen, zu ordnen, auszumalen, festzuhalten und beliebig zu wiederholen, je nachdem es die Zwecke einer tief eindringenden Erkenntnis und des bedeutungsvollen Werkes, dadurch sie mitgeteilt werden sollen, erfordert. Hierauf beruht der hohe Wert der Phantasie, als welche ein dem Genie unentbehrliches Werkzeug ist. Denn nur vermöge derselben kann dieses, je nach den Erfordernissen des Zusammenhanges seines Bildens, Dichtens, oder Denkens, jeden Gegenstand oder Vorgang sich in einem lebhaften Bilde vergegenwärtigen und so stets frische Nahrung aus der Urquelle aller Erkenntnis, dem Anschaulichen, schöpfen. Der Phantasiebegabte vermag gleichsam Geister zu zitieren, die ihm, zur rechten Zeit, die Wahrheiten offenbaren, welche die nackte Wirklichkeit der Dinge nur schwach, nur selten und dann meistens zur Unzeit darlegt. Zu ihm verhält sich daher der Phantasielose, wie zum freibeweglichen, ja geflügelten Tiere die an ihren Felsen gekittete Muschel, welche abwarten muß, was der Zufall ihr zuführt. Denn ein Solcher kennt keine andere, als die wirkliche Sinnesanschauung: bis sie kommt nagt er an Begriffen und Abstraktionen, welche doch nur Schalen und Hülsen, nicht der Kern der Erkenntnis sind. Er wird nie etwas Großes leisten; es wäre denn im Rechnen und der Mathematik. – Die Werke der bildenden Künste und der Poesie, im gleichen die Leistungen der Mimik, können auch angesehen werden als Mittel, Denen, die keine Phantasie haben, diesen Mangel möglichst zu ersetzen, Denen aber, die damit begabt sind, den Gebrauch derselben zu erleichtern.

Obgleich demnach die eigentümliche und wesentliche Erkenntnisweise des Genies die ANSCHAUENDE ist; so machen den eigentlichen Gegenstand derselben doch keineswegs die einzelnen Dinge aus, sondern die in diesen sich aussprechenden Platonischen Ideen, wie deren Auffassung im 29. Kapitel analysiert worden. Im Einzelnen stets das Allgemeine zu sehen, ist gerade der Grundzug des Genies; während der Normalmensch im Einzelnen auch nur das Einzelne als solches erkennt, da es nur als solches der Wirklichkeit angehört, welche allein für ihn Interesse, d.h. Beziehungen zu seinem WILLEN hat. Der Grad, in welchem Jeder im einzelnen Dinge nur dieses, oder aber schon ein mehr oder minder Allgemeines, bis zum Allgemeinsten der Gattung hinauf, nicht etwa denkt, sondern geradezu erblickt, ist der Maßstab seiner Annäherung zum

Genie. Diesem entsprechend ist auch nur das Wesen der Dinge überhaupt, das Allgemeine in ihnen, das Ganze, der eigentliche Gegenstand des Genies: die Untersuchung der einzelnen Phänomene ist das Feld der Talente, in den Realwissenschaften, deren Gegenstand eigentlich immer nur die Beziehungen der Dinge zu einander sind.

Was im vorhergegangenen Kapitel ausführlich gezeigt worden, daß nämlich die Auffassung der IDEEN dadurch bedingt ist, daß das Erkennende das REINE SUBJEKT der Erkenntnis sei, d.h. daß der Wille gänzlich aus dem Bewußtsein verschwinde, bleibt uns hier gegenwärtig. – Die Freude, welche wir an manchen, die Landschaft uns vor Augen bringenden Liedern GOETHE's, oder an den Naturschilderungen JEAN PAUL's haben, beruht darauf, daß wir dadurch der Objektivität jener Geister, d.h. der Reinheit teilhaft werden, mit welcher in ihnen die Welt als Vorstellung sich von der Welt als Wille gesondert und gleichsam ganz davon abgelöst hatte. – Daraus, daß die Erkenntnisweise des Genies wesentlich die von allem Wollen und seinen Beziehungen gereinigt ist, folgt auch, daß die Werke desselben nicht aus Absicht oder Willkür hervorgehen, sondern es dabei geleitet wird von einer instinktartigen Notwendigkeit. – Was man das Regewerden des Genius, die Stunde der Weihe, den Augenblick der Begeisterung nennt, ist nichts Anderes, als das Freiwerden des Intellekts, wann dieser, seines Dienstes unter dem Willen einstweilen enthoben, jetzt nicht in Untätigkeit oder Abspannung versinkt, sondern, auf eine kurze Weile, ganz allein, aus freien Stücken, tätig ist. Dann ist er von der größten Reinheit und wird zum klaren Spiegel der Welt: denn, von seinem Ursprung, dem Willen, völlig abgetrennt, ist er jetzt die in EINEM Bewußtsein konzentrierte Welt als Vorstellung selbst. In solchen Augenblicken wird gleichsam die Seele unsterblicher Werke erzeugt. Hingegen ist bei allem absichtlichen Nachdenken der Intellekt nicht frei, da ja der Wille ihn leitet und sein Thema ihm vorschreibt.

Der Stempel der Gewöhnlichkeit, der Ausdruck von Vulgarität, welcher den allermeisten Gesichtern aufgedrückt ist, besteht eigentlich darin, daß die strenge Unterordnung ihres Erkennens unter ihr Wollen, die feste Kette, welche beide zusammenschließt, und die daraus folgende Unmöglichkeit, die Dinge anders als in Beziehung auf den Willen und seine Zwecke aufzufassen, darin sichtbar ist. Hingegen liegt der Ausdruck des Genies, welcher die augenfällige Familienähnlichkeit aller Hochbegabten ausmacht, darin, daß man das Losgesprochensein, die Manumission des Intellekts vom Dienste des Willens, das Vorherrschen des Erkennens über das Wollen, deutlich darauf liest: und weil alle Pein aus dem Wollen hervorgeht, das Erkennen hingegen an und für sich schmerzlos und heiter ist; so gibt dies ihren hohen Stirnen und ihrem klaren, schauenden Blick, als welche dem Dienste des Willens und seiner Not nicht Untertan sind, jenen Anstrich großer, gleichsam überirdischer Heiterkeit, welcher zu Zeiten durchbricht und sehr wohl mit der

Melancholie der übrigen Gesichtszüge, besonders des Mundes, zusammenbesteht, in dieser Beziehung aber treffend bezeichnet werden kann durch das Motto des JORDANUS BRUNUS: *In tristitia hilaris, in hilaritate tristis.*[In der Traurigkeit heiter, in der Heiterkeit traurig.]

Der Wille, welcher die Wurzel des Intellekts ist, widersetzt sich jeder auf irgend etwas Anderes als seine Zwecke gerichteten Tätigkeit desselben. Daher ist der Intellekt einer rein objektiven und tiefen Auffassung der Außenwelt nur dann fähig, wenn er sich von dieser seiner Wurzel wenigstens einstweilen abgelöst hat. So lange er derselben noch verbunden bleibt, ist er aus eigenen Mitteln gar keiner Tätigkeit fähig, sondern schläft in Dumpfheit, so oft der Wille (das Interesse) ihn nicht weckt und in Bewegung setzt. Geschieht dies jedoch, so ist er zwar sehr tauglich, dem Interesse des Willens gemäß, die Relationen der Dinge zu erkennen, wie dies der kluge Kopf tut, der immer auch ein aufgeweckter, d.h. vom Wollen lebhaft erregter Kopf sein muß; aber er ist eben deshalb nicht fähig, das rein objektive Wesen der Dinge zu erfassen. Denn das Wollen und die Zwecke machen ihn so einseitig, daß er an den Dingen nur das sieht, was sich darauf bezieht, das Übrige aber teils verschwindet, teils verfälscht ins Bewußtsein tritt. So wird z.B. ein in Angst und Eile Reisender den Rhein mit seinen Ufern nur als einen Querstrich, die Brücke darüber nur als einen diesen schneidenden Strich sehen. Im Kopfe des von seinen Zwecken erfüllten Menschen sieht die Welt aus, wie eine schöne Gegend auf einem Schlachtfeldplan aussieht. Freilich sind dies Extreme, der Deutlichkeit wegen genommen: allein auch jede nur geringe Erregung des Willens wird eine geringe, jedoch stets jenen analoge Verfälschung der Erkenntnis zur Folge haben. In ihrer wahren Farbe und Gestalt, in ihrer ganzen und richtigen Bedeutung kann die Welt erst dann hervortreten, wann der Intellekt, des Wollens ledig, frei über den Objekten schwebt und ohne vom Willen angetrieben zu sein, dennoch energisch tätig ist. Allerdings ist dies der Natur und Bestimmung des Intellekts entgegen, also gewissermaßen widernatürlich, daher eben überaus selten: aber gerade hierin liegt das Wesen des GENIES, als bei welchem allein jener Zustand in hohem Grade und anhaltend Statt findet, während er bei den Übrigen nur annäherungs- und ausnahmsweise eintritt. – In dem hier dargelegten Sinne nehme ich es, wenn JEAN PAUL (»Vorschule der Ästhetik«, § 12) das Wesen des Genies in die BESONNENHEIT setzt. Nämlich der Normalmensch ist in den Strudel und Tumult des Lebens, dem er durch seinen Willen angehört, eingesenkt: sein Intellekt ist erfüllt von den Dingen und den Vorgängen des Lebens: aber diese Dinge und das Leben selbst, in objektiver Bedeutung, wird er gar nicht gewahr; wie der Kaufmann auf der Amsterdammer Börse vollkommen vernimmt was sein Nachbar sagt, aber das dem Rauschen des Meeres ähnliche Gesumme der ganzen Börse, darüber der entfernte Beobachter erstaunt, gar nicht hört.

Dem Genie hingegen, dessen Intellekt vom Willen, also von der Person, abgelöst ist, bedeckt das diese Betreffende nicht die Welt und die Dinge selbst; sondern es wird ihrer deutlich inne, es nimmt sie, an und für sich selbst, in objektiver Anschauung, wahr: in diesem Sinne ist es BESONNEN.

Diese BESONNENHEIT ist es, welche den Maler befähigt, die Natur, die er vor Augen hat, treu auf der Leinwand wiederzugeben, und den Dichter, die anschauliche Gegenwart, mittelst abstrakter Begriffe, genau wieder hervorzurufen, indem er sie ausspricht und so zum deutlichen Bewußtsein bringt, imgleichen Alles, was die Übrigen bloß fühlen, in Worten auszudrücken. – Das Tier lebt ohne alle Besonnenheit. Bewußtsein hat es, d.h. es erkennt sich und sein Wohl und Wehe, dazu auch die Gegenstände, welche solche veranlassen. Aber seine Erkenntnis bleibt stets subjektiv, wird nie objektiv: alles darin Vorkommende scheint sich ihm wie von selbst zu verstehen und kann ihm daher nie weder zum Vorwurf (Objekt der Darstellung), noch zum Problem (Objekt der Meditation) werden. Sein Bewußtsein ist daher ganz IMMANENT. Zwar nicht von gleicher, aber doch von verwandter Beschaffenheit ist das Bewußtsein des gemeinen Menschenschlages, indem auch seine Wahrnehmung der Dinge und der Welt überwiegend subjektiv und vorherrschend immanent bleibt. Es nimmt die Dinge in der Welt wahr, aber nicht die Welt; sein eigenes Tun und Leiden, aber nicht sich. Wie nun, in unendlichen Abstufungen, die Deutlichkeit des Bewußtseins sich steigert, tritt mehr und mehr die Besonnenheit ein, und dadurch kommt es allmählich dahin, daß bisweilen, wenn auch selten und dann wieder in höchst verschiedenen Graden der Deutlichkeit, es wie ein Blitz durch den Kopf fährt, mit »was ist das Alles?« oder auch mit »WIE ist es eigentlich beschaffen?« Die erstere Frage wird, wenn sie große Deutlichkeit und anhaltende Gegenwart erlangt, den Philosophen, und die andere, ebenso, den Künstler oder Dichter machen. Dieserhalb also hat der hohe Beruf dieser Beiden seine Wurzel in der Besonnenheit, die zunächst aus der Deutlichkeit entspringt, mit welcher sie der Welt und ihrer selbst inner werden und dadurch zur Besinnung darüber kommen. Der ganze Hergang aber entspringt daraus, daß der Intellekt, durch sein Übergewicht, sich vom Willen, dem er ursprünglich dienstbar ist, zu Zeiten losmacht.

Die hier dargelegten Betrachtungen über das Genie schließen sich ergänzend an die im 21. Kapitel enthaltene Darstellung des in der ganzen Reihe der Wesen wahrnehmbaren, IMMER WEITEREN AUSEINANDERTRETENS DES WILLENS UND DES INTELLEKTS. Dieses eben erreicht im Genie seinen höchsten Grad, als wo es bis zur völligen Ablösung des Intellekts von seiner Wurzel, dem Willen, geht, so daß der Intellekt hier völlig frei wird, wodurch allererst die WELT ALS VORSTELLUNG zur vollkommenen Objektivation gelangt. –

Jetzt noch einige die Individualität des Genies betreffende Bemerkungen. – Schon ARISTOTELES hat, nach Cicero (*Tusc.*, *1, 33*), bemerkt, *omnes ingeniosos melancholicos esse*; welches sich, ohne Zweifel, auf die Stelle in des Aristoteles Problemata, 30, 1, bezieht. Auch GOETHE sagt:

> Meine Dichterglut war sehr gering,
> So lang ich dem Guten entgegenging:
> Dagegen brannte sie lichterloh,
> Wann ich vor drohendem Übel floh. –
> Zart Gedicht, wie Regenbogen,
> Wird nur auf dunkeln Grund gezogen:
> Darum behagt dem Dichtergenie
> Das Element der Melancholie.

Dies ist daraus zu erklären, daß, da der Wille seine ursprüngliche Herrschaft über den Intellekt stets wieder geltend macht, dieser, unter ungünstigen persönlichen Verhältnissen, sich leichter derselben entzieht; weil er von widerwärtigen Umständen sich gern abwendet, gewissermaßen um sich zu zerstreuen, und nun mit desto größerer Energie sich auf die fremde Außenwelt richtet, also leichter rein objektiv wird. Günstige persönliche Verhältnisse wirken umgekehrt. Im Ganzen und Allgemeinen jedoch beruht die dem Genie beigegebene Melancholie darauf, daß der Wille zum Leben, von je hellerem Intellekt er sich beleuchtet findet, desto deutlicher das Elend seines Zustandes wahrnimmt. – Die so häufig bemerkte trübe Stimmung hochbegabter Geister hat ihr Sinnbild am MONTBLANC, dessen Gipfel meistens bewölkt ist: aber wann bisweilen, zumal früh Morgens, der Wolkenschleier reißt und nun der Berg vom Sonnenlichte rot, aus seiner Himmelhöhe über den Wolken, auf CHAMOUNI herabsieht; dann ist es ein Anblick, bei welchem Jedem das Herz im tiefsten Grunde aufgeht. So zeigt auch das meistens melancholische Genie zwischendurch die schon oben geschilderte, nur ihm mögliche, aus der vollkommensten Objektivität des Geistes entspringende, eigentümliche Heiterkeit, die wie ein Lichtglanz auf seiner hohen Stirne schwebt: *in tristitia hilaris, in hilaritate tristis.* –

Alle Pfuscher sind es, im letzten Grunde, dadurch, daß ihr Intellekt, dem Willen noch zu fest verbunden, nur unter dessen Anspornung in Tätigkeit gerät, und daher eben ganz in dessen Dienste bleibt. Diesen gemäß schaffen sie schlechte Gemälde, geistlose Gedichte, seichte, absurde, sehr oft auch unredliche Philosopheme, wann es nämlich gilt, durch fromme Unredlichkeit, sich hohen Vorgesetzten zu empfehlen. All ihr Tun und Denken ist also persönlich. Daher gelingt es ihnen höchstens, sich das Äußere, Zufällige und Beliebige fremder, echter Werke als Manier anzueignen, wo sie dann, statt des Kerns, die Schale fassen, jedoch vermeinen, Alles erreicht, ja, jene übertroffen zu haben. Wird dennoch das Mißlingen offenbar; so hofft Mancher, es durch seinen guten Willen am Ende doch zu erreichen. Aber gerade dieser gute Wille macht es unmöglich; weil derselbe doch nur auf persönliche Zwecke hinausläuft: bei solchen aber kann es weder mit Kunst, noch Poesie, noch Philosophie je Ernst werden. Auf Jene paßt daher ganz eigentlich die

Redensart: sie stehen sich selbst im Lichte. Ihnen ahndet es nicht, daß allein der von der Herrschaft des Willens und all seinen Projekten losgerissene und dadurch frei tätige Intellekt, weil nur er den wahren Ernst verleiht, zu echten Produktionen befähigt: und das ist gut für sie; sonst sprängen sie ins Wasser. – Der GUTE WILLE ist in der MORAL Alles; aber in der Kunst ist er nichts: da gilt, wie schon das Wort andeutet, allein das KÖNNEN. – Alles kommt zuletzt darauf an, wo der eigentliche ERNST des Menschen liegt. Bei fast Allen liegt er ausschließlich im eigenen Wohl und dem der Ihrigen; daher sie dies und nichts Anderes zu fördern im Stande sind; weil eben kein Vorsatz, keine willkürliche und absichtliche Anstrengung, den wahren, tiefen, eigentlichen Ernst verleiht, oder ersetzt, oder richtiger verlegt. Denn er bleibt stets da, wo die Natur ihn hingelegt hat: ohne ihn aber kann alles nur halb betrieben werden. Daher sorgen, aus dem selben Grunde, geniale Individuen oft schlecht für ihre eigene Wohlfahrt. Wie ein bleiernes Anhängsel einen Körper immer wieder in die Lage zurückbringt, die sein durch dasselbe determinierter Schwerpunkt erfordert; so zieht der wahre Ernst des Menschen die Kraft und Aufmerksamkeit seines Intellekts immer dahin zurück, WO ER LIEGT: alles Andere treibt der Mensch OHNE WAHREN ERNST. Daher sind allein die höchst seltenen, abnormen Menschen, deren wahrer Ernst nicht im Persönlichen und Praktischen, sondern im Objektiven und Theo-retischen liegt, im Stande, das wesentliche der Dinge und der Welt, also die höchsten Wahrheiten, aufzufassen und in irgend einer Art und Weise wiederzugeben. Denn ein solcher außerhalb des Individuums, in das OBJEKTIVE fallender Ernst desselben ist etwas der menschlichen Natur Fremdes, etwas unnatürliches, eigentlich Übernatürliches: jedoch allein durch ihn ist ein Mensch GROß, und demgemäß wird alsdann sein Schaffen einem von ihm verschiedenen GENIUS zugeschrieben, der ihn in Besitz nehme. Einem solchen Menschen ist sein Bilden, Dichten oder Denken Zweck, den Übrigen ist es MITTEL. Diese suchen dabei IHRE SACHE, und wissen, in der Regel, sie wohl zu fördern, da sie sich den Zeitgenossen anschmiegen, bereit, den Bedürfnissen und Launen derselben zu dienen: daher leben sie meistens in glücklichen Umständen; Jener oft in sehr elenden. Denn sein persönliches Wohl opfert er dem OBJEKTIVEN Zweck; er kann eben nicht anders; weil dort sein Ernst liegt. Sie halten es umgekehrt: darum sind sie KLEIN; er aber ist GROß. Demgemäß ist sein Werk für alle Zeiten, aber die Anerkennung desselben fängt meistens erst bei der Nachwelt an: SIE leben und sterben mit ihrer Zeit. GROß überhaupt ist nur Der, welcher bei seinem Wirken, dieses sei nun ein praktisches, oder ein theoretisches, NICHT SEINE SACHE SUCHT; sondern allein einen OBJEKTIVEN Zweck verfolgt: er ist es aber selbst dann noch, wann im Praktischen, dieser Zweck ein mißverstandener, und sogar wenn er, in Folge davon, ein Verbrechen sein sollte. Daß ER NICHT SICH UND SEINE SACHE SUCHT, dies macht ihn, unter allen

Umständen, GROß. KLEIN hingegen ist alles auf persönliche Zwecke gerichtete Treiben, weil der dadurch in Tätigkeit Versetzte sich nun in seiner eigenen, verschwindend kleinen Person erkennt und findet. Hingegen wer GROß ist, erkennt sich in Allem und daher im Ganzen: er lebt nicht, wie Jener, allein im Mikrokosmos, sondern noch mehr im Makrokosmos. Darum eben ist das Ganze ihm angelegen, und er sucht es zu erfassen, um es darzustellen, oder um es zu erklären, oder um praktisch darauf zu wirken. Denn ihm ist es nicht fremd; er fühlt, daß es ihn angeht. Wegen dieser Ausdehnung seiner Sphäre nennt man ihn GROß. Demnach gebührt nur dem wahren Helden, in irgend einem Sinn, und dem Genie jenes erhabene Prädikat: es besagt, daß sie, der menschlichen Natur entgegen, nicht ihre eigene Sache gesucht, nicht für sich, sondern für Alle gelebt haben. – Wie nun offenbar die Allermeisten STETS klein sein müssen und NIEMALS groß sein können; so ist doch das Umgekehrte nicht möglich, daß nämlich Einer durchaus, d.h. stets und jeden Augenblick, groß sei:

> Denn aus Gemeinem ist der Mensch gemacht,
> Und die Gewohnheit nennt er seine Amme.

Jeder große Mann nämlich muß dennoch oft nur das Individuum sein, nur SICH im Auge haben, und das heißt KLEIN sein. Hierauf beruht die sehr richtige Bemerkung, daß kein Held es vor seinem Kammer-

diener bleibt, nicht aber darauf, daß der Kammer-
diener den Helden nicht zu schätzen verstehe; —
welches Goethe, in den »Wahlverwandtschaften«
(Bd. 2, Kap. 5), als Einfall der Ottilie auftischt. –

Das Genie ist sein eigener Lohn: denn das Beste
was Einer ist, muß er notwendig für sich selbst sein.
»Wer MIT einem Talente, zu einem Talente geboren
ist, findet in demselben sein schönstes Dasein«, sagt
GOETHE. Wenn wir zu einem großen Mann der
Vorzeit hinaufblicken, denken wir nicht: »Wie
glücklich ist er, von uns Allen noch jetzt bewundert
zu werden«, sondern: »Wie glücklich muß er gewesen sein im unmittelbaren Genuß eines Geistes, an
dessen zurückgelassenen Spuren Jahrhunderte sich
erquicken.« Nicht im Ruhme, sondern in Dem,
wodurch man ihn erlangt, liegt der Wert, und in der
Zeugung unsterblicher Kinder der Genuß. Daher
sind Die, welche die Nichtigkeit des Nachruhmes
daraus zu beweisen suchen, daß wer ihn erlangt,
nichts davon erfährt, dem Klügling zu vergleichen,
der einem Manne, welcher auf einem Haufen
Austerschalen im Hofe seines Nachbarn neidische
Blicke würfe, sehr weise die gänzliche Unbrauch-
barkeit derselben demonstrieren wollte.

Der gegebenen Darstellung des Wesens des Genies zufolge ist dasselbe in sofern naturwidrig, als es
darin besteht, daß der Intellekt, dessen eigentliche
Bestimmung der Dienst des Willens ist, sich von
diesem Dienste emanzipiert, um auf eigene Hand
tätig zu sein. Demnach ist das Genie ein seiner
Bestimmung untreu gewordener Intellekt. Hierauf

beruhen die demselben beigegebenen NACHTEILE, zu deren Betrachtung wir jetzt den Weg uns dadurch bahnen, daß wir das Genie mit dem weniger entschiedenen Überwiegen des Intellekts vergleichen.

Der Intellekt des Normalmenschen, streng an den Dienst seines Willens gebunden, mithin eigentlich bloß mit der Aufnahme der Motive beschäftigt, läßt sich ansehen als der Komplex von Drahtfäden, womit jede dieser Puppen auf dem Welttheater in Bewegung gesetzt wird. Hieraus entspringt der trockene, gesetzte Ernst der meisten Leute, der nur noch von dem der Tiere übertroffen wird, als welche niemals lachen. Dagegen könnte man das Genie, mit seinem entfesselten Intellekt, einem unter den großen Drahtpuppen des berühmten Mailändischen Puppentheaters mitspielenden, lebendigen Menschen vergleichen, der unter ihnen der Einzige wäre, welcher Alles wahrnähme und daher gern sich von der Bühne auf eine Weile losmachte, um aus den Logen das Schauspiel zu genießen: – das ist die geniale Besonnenheit. – Aber selbst der überaus verständige und vernünftige Mann, den man beinahe weise nennen könnte, ist vom Genie gar sehr und zwar dadurch verschieden, daß sein Intellekt eine PRAKTISCHE Richtung behält, auf die Wahl der allerbesten Zwecke und Mittel bedacht ist, daher im Dienste des Willens bleibt und demnach recht eigentlich naturgemäß beschäftigt ist. Der feste, praktische Lebensernst, welchen die Römer als *gravitas* bezeichneten, setzt voraus, daß der Intellekt NICHT den Dienst des Willens verlasse, um hinauszuschweifen zu Dem, was diesen nicht angeht: darum läßt er nicht jenes Auseinandertreten des Intellekts und des Willens zu, welches Bedingung des GENIES ist. Der kluge, ja der eminente Kopf, der zu großen Leistungen im Praktischen Geeignete, ist es gerade dadurch, daß die Objekte seinen Willen lebhaft erregen und zum rastlosen Nachforschen ihrer Verhältnisse und Beziehungen anspornen. Auch sein Intellekt ist also mit dem Willen fest verwachsen. Vor dem genialen Kopf hingegen schwebt, in seiner objektiven Auffassung, die Erscheinung der Welt als ein ihm Fremdes, ein Gegenstand der Kontemplation, der sein Wollen aus dem Bewußtsein verdrängt. Um diesen Punkt dreht sich der Unterschied zwischen der Befähigung zu TATEN und der zu WERKEN. Die letztere verlangt Objektivität und Tiefe der Erkenntnis, welche gänzliche Sonderung des Intellekts vom Willen zur Voraussetzung hat: die erstere hingegen verlangt Anwendung der Erkenntnis, Geistesgegenwart und Entschlossenheit, welche erfordert, daß der Intellekt unausgesetzt den Dienst des Willens besorge. Wo das Band zwischen Intellekt und Wille gelöst ist, wird der von seiner natürlichen Bestimmung abgewichene Intellekt den Dienst des Willens vernachlässigen: er wird z. B. selbst in der Not des Augenblicks noch seine Emanzipation geltend machen und etwa die Umgebung, von welcher dem Individuum gegenwärtige Gefahr droht, ihrem malerischen Eindruck nach aufzufassen nicht umhin können. Der Intellekt des vernünftigen und verständigen Mannes hingegen ist stets auf seinem Posten, ist auf die Umstände und deren Erfordernisse gerichtet: ein solcher wird daher in allen Fällen das der Sache Angemessene beschließen und ausführen, folglich keineswegs in jene Exzentrizitäten, persönliche Fehltritte, ja, Torheiten verfallen, denen das Genie darum ausgesetzt ist, daß sein Intellekt nicht ausschließlich der Führer und Wächter seines Willens bleibt, sondern, bald mehr bald weniger, vom rein Objektiven in Anspruch genommen wird. Den Gegensatz, in welchem die beiden hier abstrakt dargestellten, gänzlich verschiedenen Arten der Befähigung zu einander stehen, hat GOETHE uns im Widerspiel des Tasso und Antonio veranschaulicht. Die oft bemerkte Verwandtschaft des Genies mit dem Wahnsinn beruht eben hauptsächlich auf jener, dem Genie wesentlichen, dennoch aber naturwidrigen Sonderung des Intellekts vom Willen. Diese aber selbst ist keineswegs Dem zuzuschreiben, daß das Genie von geringerer Intensität des Willens begleitet sei; da es vielmehr durch einen heftigen und leidenschaftlichen Charakter bedingt ist: sondern sie ist daraus zu erklären, daß der praktisch Ausgezeichnete, der Mann der Taten, bloß das ganze und volle Maß des für einen energischen Willen erforderten Intellekts hat, während den meisten Menschen sogar dieses abgeht; das Genie aber in einem völlig abnormen, wirklichen Übermaß von Intellekt besteht, dergleichen zum Dienste keines Willens erfordert ist. Dieserhalb eben sind die Männer der echten Werke tausend Mal seltener, als die Männer der Taten. Jenes abnorme

Übermaß des Intellekts eben ist es, vermöge dessen dieser das entschiedene Übergewicht erhält, sich vom Willen losmacht und nun, seines Ursprungs vergessend, aus eigener Kraft und Elastizität frei tätig ist; woraus die Schöpfungen des Genies hervorgehen.

Eben dieses nun ferner, daß das Genie im Wirken des freien, d.h. vom Dienste des Willens emanzipierten Intellekts besteht, hat zur Folge, daß die Produktionen desselben keinen nützlichen Zwecken dienen. Es werde musiziert, oder philosophiert, gemalt, oder gedichtet; – ein Werk des Genies ist kein Ding zum Nutzen. Unnütz zu sein, gehört zum Charakter der Werke des Genies: es ist ihr Adelsbrief. Alle übrigen Menschenwerke sind da zur Erhaltung, oder Erleichterung unserer Existenz; bloß die hier in Rede stehenden nicht: sie allein sind ihrer selbst wegen da, und sind, in diesem Sinn, als die Blüte, oder der reine Ertrag des Daseins anzusehen. Deshalb geht beim Genuß derselben uns das Herz auf: denn wir tauchen dabei aus dem schweren Erdenäther der Bedürftigkeit auf. – Diesem analog sehen wir, auch außerdem, das Schöne selten mit dem Nützlichen vereint. Die hohen und schönen Bäume tragen kein Obst: die Obstbäume sind kleine, häßliche Krüppel. Die gefüllte Gartenrose ist nicht fruchtbar, sondern die kleine, wilde, fast geruchlose ist es. Die schönsten Gebäude sind nicht die nützlichen: ein Tempel ist kein Wohnhaus. Ein Mensch von hohen, seltenen Geistesgaben, genötigt einem bloß nützlichen Geschäft, dem der Gewöhnlichste

gewachsen wäre, obzuliegen, gleicht einer köst-
lichen, mit schönster Malerei geschmückten Vase,
die als Kochtopf verbraucht wird; und die nützlichen
Leute mit den Leuten von Genie vergleichen, ist wie
Bausteine mit Diamanten vergleichen.

Der bloß praktische Mensch also gebraucht seinen Intellekt zu Dem, wozu ihn die Natur bestimm-
te, nämlich zum Auffassen der Beziehungen der
Dinge, teils zu einander, teils zum Willen des erkennenden Individuums. Das Genie hingegen gebraucht
ihn, der Bestimmung desselben entgegen, zum Auffassen des objektiven Wesens der Dinge. Sein Kopf
gehört daher nicht ihm, sondern der Welt an, zu
deren Erleuchtung in irgendeinem Sinne er beitragen
wird. Hieraus müssen dem damit begünstigten
Individuum vielfältige NACHTEILE erwachsen. Denn
sein Intellekt wird überhaupt die Fehler zeigen, die
bei jedem Werkzeug, welches zu Dem, wozu es
nicht gemacht ist, gebraucht wird, nicht auszu-
bleiben pflegen. Zunächst wird er gleichsam der
Diener zweier Herren sein, indem er, bei jeder
Gelegenheit, sich von dem seiner Bestimmung ent-
sprechenden Dienste losmacht, um seinen eigenen
Zwecken nachzugehen, wodurch er den Willen oft
sehr zur Unzeit im Stich läßt und hiernach das so begabte Individuum für das Leben mehr oder weniger
unbrauchbar wird, ja, in seinem Betragen bisweilen
an den Wahnsinn erinnert. Sodann wird es, vermöge
seiner gesteigerten Erkenntniskraft, in den Dingen
mehr das Allgemeine, als das Einzelne sehen;
während der Dienst des Willens hauptsächlich die

Erkenntnis des Einzelnen erfordert. Aber wann nun wieder gelegentlich jene ganze, abnorm erhöhte Erkenntniskraft sich plötzlich, mit aller ihrer Energie, auf die Angelegenheiten und Miseren des Willens richtet; so wird sie diese leicht zu lebhaft auffassen, Alles in zu grellen Farben, zu hellem Lichte, und ins Ungeheure vergrößert erblicken, wodurch das Individuum auf lauter Extreme verfällt. Dies noch näher zu erklären, diene Folgendes: Alle große theoretische Leistungen, worin es auch sei, werden dadurch zu Stande gebracht, daß ihr Urheber alle Kräfte seines Geistes auf Einen Punkt richtet, in welchen er sie zusammenschießen läßt und konzentriert, so stark, fest und ausschließlich, daß die ganze übrige Welt jetzt verschwindet und sein Gegenstand ihm alle Realität ausfüllt. Eben diese große und gewaltsame Konzentration, die zu den Privilegien des Genies gehört, tritt nun für dasselbe bisweilen auch bei den Gegenständen der Wirklichkeit und den Angelegenheiten des täglichen Lebens ein, welche alsdann, unter einen solchen Fokus gebracht, eine so monströse Vergrößerung erhalten, daß sie sich darstellen wie der im Sonnenmikroskop die Statur des Elefanten annehmende Floh. Hieraus entsteht es, daß hochbegabte Individuen bisweilen über Kleinigkeiten in heftige Affekte der verschiedensten Art geraten, die den Andern unbegreiflich sind, als welche sie in Trauer, Freude, Sorge, Furcht, Zorn u.s.w. versetzt sehen, durch Dinge, bei welchen ein Alltagsmensch ganz gelassen bliebe. Darum also fehlt dem Genie die NÜCHTERNHEIT, als welche gerade darin besteht, daß man in den Dingen nichts weiter sieht, als was ihnen, besonders in Hinsicht auf unsere möglichen Zwecke, wirklich zukommt: daher kann kein nüchterner Mensch ein Genie sein. Zu den angegebenen Nachteilen gesellt sich nun noch die übergroße Sensibilität, welche ein abnorm erhöhtes Nerven- und Cerebral-Leben mit sich bringt, und zwar im Verein mit der das Genie ebenfalls bedingenden Heftigkeit und Leidenschaftlichkeit des Wollens, die sich physisch als Energie des Herzschlages darstellt. Aus allem Diesen entspringt sehr leicht jene Überspanntheit der Stimmung, jene Heftigkeit der Affekte, jener schnelle Wechsel der Laune, unter vorherrschender Melancholie, die GOETHE uns im Tasso vor Augen gebracht hat. Welche Vernünftigkeit, ruhige Fassung, abgeschlossene Übersicht, völlige Sicherheit und Gleichmäßigkeit des Betragens zeigt doch der wohlausgestattete Normalmensch, im Vergleich mit der bald träumerischen Versunkenheit, bald leidenschaftlichen Aufregung des Genialen. – Zu diesem Allen kommt noch, daß das Genie wesentlich einsam lebt. Es ist zu selten, als daß es leicht auf seines Gleichen treffen könnte, und zu verschieden von den Übrigen, um ihr Geselle zu sein. Bei ihnen ist das Wollen, bei ihm das Erkennen das Vorwaltende: daher sind ihre Freuden nicht seine, seine nicht ihre. Sie sind bloß moralische Wesen und haben bloß persönliche Verhältnisse: er ist zugleich reiner Intellekt, der als solcher der ganzen Menschheit angehört. Der Gedankengang des von seinem mütterlichen Boden, dem Willen, abgelösten und nur periodisch zu ihm zurückkehrenden Intellekts wird sich von dem des normalen, auf seinem Stamme haftenden, bald durchweg unterscheiden. Daher, und wegen seiner Ungleichheit des Schritts, ist Jener nicht zum gemeinschaftlichen Denken, d.h. zur Konversation mit den Andern geeignet: sie werden an ihm und seiner drückenden Überlegenheit so wenig Freude haben, wie er an ihnen. Sie werden daher sich behaglicher mit ihres Gleichen fühlen, und er wird die Unterhaltung mit seines Gleichen, obwohl sie in der Regel nur durch ihre nachgelassenen Werke möglich ist, vorziehen. Sehr richtig sagt daher CHAMFORT: »Es gibt wenige Laster, die so sehr verhindern, daß ein Mensch viele Freunde hat, einen Menschen so sehr daran hindern, viele Freunde zu haben, wie es zu große Vorzüge tun können.«[1] Das glücklichste Los, was dem Genie werden kann, ist Entbindung vom Tun und Lassen, als welches nicht sein Element ist, und freie Muße zu seinem Schaffen. – Aus diesem Allen ergibt sich, daß wenn gleich das Genie den damit Begabten in den Stunden, wo er, ihm hingegeben, ungehindert im Genuß desselben schwelgt, hoch beglücken mag; dasselbe dennoch keineswegs geeignet ist, ihm einen glücklichen Lebenslauf zu bereiten, vielmehr das Gegenteil. Dies bestätigt auch die in den Biographien niedergelegte Erfahrung. Dazu kommt noch ein Mißverhältnis nach außen, indem das Genie, in seinem Treiben und Leisten selbst, meistens mit seiner Zeit im Widerspruch und

---

[1] Chamfort, *Maximes*, chap. 1

34

Kampfe steht. Die bloßen Talentmänner kommen
stets zur rechten Zeit: denn, wie sie vom Geiste ihrer
Zeit angeregt und vom Bedürfnis derselben hervor-
gerufen werden; so sind sie auch gerade nur fähig
diesem zu genügen. Sie greifen daher ein in den
fortschreitenden Bildungsgang ihrer Zeitgenossen,
oder in die schrittweise Förderung einer speziellen
Wissenschaft: dafür wird ihnen Lohn und Beifall.
Der nächsten Generation jedoch sind ihre Werke
nicht mehr genießbar: sie müssen durch andere
ersetzt werden, die dann auch nicht ausbleiben. Das
Genie hingegen trifft in seine Zeit, wie ein Komet in
die Planetenbahnen, deren wohlgeregelter und über-
sehbarer Ordnung sein völlig exzentrischer Lauf
fremd ist. Demnach kann es nicht eingreifen in den
vorgefundenen, regelmäßigen Bildungsgang der
Zeit, sondern wirft seine Werke weit hinaus in die
vorliegende Bahn (wie der sich dem Tode weihende
Imperator seinen Speer unter die Feinde), auf welcher die Zeit solche erst einzuholen hat. Sein Verhältnis zu den während dessen kulminierenden Ta-
lentmännern könnte es in den Worten des Evange-
listen ausdrücken: »Meine Zeit ist noch nicht gekommen. Eure Zeit dagegen ist immer da.«[2] – Das
TALENT vermag zu leisten, was die Leistungs-
fähigkeit, jedoch nicht die Apprehensionsfähigkeit
[(die geistige) Auffassungsfähigkeit] der Übrigen
überschreitet: daher findet es sogleich seine Schät-
zer. Hingegen geht die Leistung des GENIES nicht
nur über die Leistungs-, sondern auch über die

---

[2] Joh. 7,6

Apprehensionsfähigkeit der Anderen hinaus: daher werden diese seiner nicht unmittelbar inne. Das Talent gleicht dem Schützen, der ein Ziel trifft, welches die Übrigen nicht erreichen können; das Genie dem, der eines trifft, bis zu welchem sie nicht ein Mal zu sehen vermögen: daher sie nur mittelbar, also spät, Kunde davon erhalten und sogar diese nur auf Treu und Glauben annehmen. Demgemäß sagt Goethe im Lehrbrief: »Die Nachahmung ist uns angeboren; der Nachzuahmende wird nicht leicht erkannt. Selten wird das Treffliche gefunden, seltener geschätzt.«[3] Und CHAMFORT sagt: »Mit dem Wert der Menschen ist es wie mit dem der Diamanten, die bis zu einem gewissen Grad ihrer Größe, Reinheit und Vollkommenheit einen festen und bestimmten Preis haben, die aber jenseits dieses Grades keinen Preis mehr haben und auch keine Käufer finden.«[4] Auch schon BAKO VON VERULAM hat es ausgesprochen: »Die niedrigsten Tugenden finden beim Pöbel Lob, die mittleren Bewunderung, die höchsten keinerlei Verständnis.«[5] Ja, möchte vielleicht Einer entgegnen, *beim Pöbel!* – Dem muß ich jedoch zur Hilfe kommen mit MACHIAVELLI'S Versicherung: »Es gibt nichts anderes auf der Welt, als Pöbel.«[6]; wie denn auch THILO (über den Ruhm) bemerkt, daß zum großen Haufen gewöhnlich Einer mehr gehört, als Jeder glaubt. – Eine Folge dieser

---

[3] Goethe, *Wilhelm Meisters Lehrjahre*, Buch 7, Kap. 9
[4] Chamfort, *Maximes*, Kap. 1
[5] Baccon, *De augmentis scientiarum*, VI, 3
[6] Macchiavelli, *Il principe*, cap. XVIII

späten Anerkennung der Werke des Genies ist, daß sie selten von ihren Zeitgenossen und demnach in der Frische des Kolorits, welche die Gleichzeitigkeit und Gegenwart verleiht, genossen werden, sondern, gleich den Feigen und Datteln, viel mehr im trockenen, als im frischen Zustande. –

[...]

Noch habe ich hier eine besondere Bemerkung hinzuzufügen über den KINDLICHEN Charakter des Genies, d.h. über eine gewisse Ähnlichkeit, welche zwischen dem Genie und dem Kindesalter Statt findet. – In der Kindheit nämlich ist, wie beim Genie, das Zerebral- und Nervensystem entschieden überwiegend: denn seine Entwicklung eilt der des übrigen Organismus weit voraus; so daß bereits mit dem siebenten Jahre das Gehirn seine volle Ausdehnung und Masse erlangt hat. Schon BICHAT sagt daher: »In der Kindheit ist das Nervensystem im Verhältnis zum Muskelsystem weit beträchtlicher als in allen späteren Lebensaltern, während in der Folge die meisten anderen Systeme über jenes vorherrschen. Um die Nerven gründlich zu studieren, wählt man bekanntlich immer die Kinder.«[7] Am spätesten hingegen fängt die Entwicklung des Genitalsystems an, und erst beim Eintritt des Mannesalters sind Irritabilität [Reizbarkeit, Erregbarkeit], Reproduktion und Genitalfunktion in voller Kraft, wo sie dann, in der Regel, das Übergewicht über die Gehirnfunktion haben. Hieraus ist es erklärlich, daß die Kinder, im Allgemeinen, so klug, vernünftig,

---

[7] Bichat, *Recherches physiologiques sur la vie et la mort*, Art. 8, §6

wißbegierig und gelehrig, ja, im Ganzen, zu aller theoretischen Beschäftigung aufgelegter und tauglicher, als die Erwachsenen, sind: sie haben nämlich in Folge jenes Entwickelungsganges mehr Intellekt als Willen, d. h. als Neigung, Begierde, Leidenschaft. Denn Intellekt und Gehirn sind Eins, und ebenso ist das Genitalsystem Eins mit der heftigsten aller Begierden: daher ich dasselbe den Brennpunkt des Willens genannt habe. Eben weil die heillose Tätigkeit dieses Systems noch schlummert, während die des Gehirns schon volle Regsamkeit hat, ist die Kindheit die Zeit der Unschuld und des Glückes, das Paradies des Lebens, das verlorene Eden, auf welches wir, unsern ganzen übrigen Lebensweg hindurch, sehnsüchtig zurückblicken. Die Basis jenes Glückes aber ist, daß in der Kindheit unser ganzes Dasein viel mehr im Erkennen, als im Wollen liegt; welcher Zustand zudem noch von außen durch die Neuheit aller Gegenstände unterstützt wird. daher liegt die Welt, im Morgenglanze des Lebens, so frisch, so zauberisch schimmernd, so anziehend vor uns. Die kleinen Begierden, schwankenden Neigungen und geringfügigen Sorgen der Kindheit sind gegen jenes Vorwalten der erkennenden Tätigkeit nur ein schwaches Gegengewicht. Der unschuldige und klare Blick der Kinder, an dem wir uns erquicken, und der bisweilen, in einzelnen, den erhabenen, kontemplativen Ausdruck, mit welchem RAPHAEL seine Engelsköpfe verherrlicht hat, erreicht, ist aus dem Gesagten erklärlich. Demnach entwickeln die Geisteskräfte sich viel früher, als die Bedürfnisse, welchen zu dienen sie bestimmt sind: und hierin verfährt die Natur, wie überall, sehr zweckmäßig. Denn in dieser Zeit der vorwaltenden Intelligenz sammelt der Mensch einen großen Vorrat von Erkenntnissen, für künftige, ihm zur Zeit noch fremde Bedürfnisse. Daher ist sein Intellekt jetzt unablässig tätig, faßt begierig alle Erscheinungen auf, brütet darüber und speichert sie sorgfältig auf, für die kommende Zeit, – der Biene gleich, die sehr viel mehr Honig sammelt, als sie verzehren kann, im Vorgefühl künftiger Bedürfnisse. Gewiß ist was der Mensch bis zum Eintritt der Pubertät an Einsicht und Kenntnis erwirbt, im ganzen genommen, mehr, als Alles was er nachher lernt, würde er auch noch so gelehrt: denn es ist die Grundlage aller menschlichen Erkenntnis. – Bis zur selben Zeit waltet im kindlichen Leibe die Plastizität vor, deren Kräfte späterhin, nachdem sie ihr Werk vollendet hat, durch eine Metastase [von grch. *metastasis* „Umstellung"], sich auf das Generationssystem [Zeugungssystem] werfen, wodurch mit der Pubertät der Geschlechtstrieb eintritt und jetzt allmählich der Wille das Übergewicht erhält. Dann folgt auf die vorwaltend theoretische, lernbegierige Kindheit das unruhige, bald stürmische, bald schwermütige Jünglingsalter, welches nachher in das heftige und ernste Mannesalter übergeht. Gerade weil im Kinde jener unheilschwangere Trieb fehlt, ist das Wollen desselben so gemäßigt und dem Erkennen untergeordnet, woraus jener Charakter von Unschuld, Intelligenz und Vernünftigkeit entsteht, welcher dem Kindesalter eigentümlich ist. – Worauf nun die Ähnlichkeit des Kindesalters mit dem des Genies beruhe, brauche ich kaum noch auszusprechen: im Überschuß der Erkenntniskräfte über die Bedürfnisse des Willens, und im daraus entspringenden Vorwalten der bloß erkennenden Tätigkeit. Wirklich ist jedes Kind gewissermaßen ein Genie, und jedes Genie gewissermaßen ein Kind. Die Verwandtschaft Beider zeigt sich zunächst in der Naivität und erhabenen Einfalt, welche ein Grundzug des echten Genies ist: sie tritt auch außerdem in manchen Zügen an den Tag; so daß eine gewisse Kindlichkeit allerdings zum Charakter des Genies gehört. In RIEMERS Mitteilungen über GOETHE wird (Bd. 1, S. 184) erwähnt, daß Herder und Andere Goethen tadelnd nachsagten, er sei ewig ein großes Kind: gewiß haben sie es mit Recht gesagt, nur nicht mit Recht getadelt. Auch von MOZART hat es geheißen, er sei zeitlebens ein Kind geblieben. (Nissens Biographie Mozarts: S. 2 und 529.) Schlichtegrolls Nekrolog (von 1791, Bd. II, S.109) sagt von ihm: »Er wurde früh in seiner Kunst ein Mann; in allen übrigen Verhältnissen aber blieb er beständig ein Kind.« Jedes Genie ist schon darum ein großes Kind, weil es in die Welt hineinschaut als in ein Fremdes, ein Schauspiel, daher mit rein objektivem Interesse. Demgemäß hat es, so wenig wie das Kind, jene trockene Ernsthaftigkeit der Gewöhnlichen, als welche, keines andern als des subjektiven Interesses fähig, in den Dingen immer bloß Motive für ihr Tun sehen. Wer nicht zeitlebens gewissermaßen ein großes Kind bleibt, sondern ein ernst-

hafter, nüchterner, durchweg gesetzter und vernünf-
tiger Mann wird, kann ein sehr nützlicher und
tüchtiger Bürger dieser Welt sein; nur nimmermehr
ein Genie. In der Tat ist das Genie es dadurch, daß
jenes, dem Kindesalter natürliche, Überwiegen des
sensiblen Systems und der erkennenden Tätigkeit
sich bei ihm, abnormer Weise, das ganze Leben
hindurch erhält, also hier ein perennierendes [aus-
dauerndes] wird. Eine Spur davon zieht sich freilich
auch bei manchen gewöhnlichen Menschen noch bis
ins Jünglingsalter hinüber; daher z, B. an manchen
Studenten noch ein rein geistiges Streben und eine
geniale Exzentrizität unverkennbar ist. Allein die
Natur kehrt in ihr Gleis zurück: sie verpuppen sich
und erstehen, im Mannesalter, als eingefleischte Phi-
lister, über die man erschrickt, wann man sie in
späteren Jahren wieder antrifft. – Auf dem ganzen
hier dargelegten Hergang beruht auch Goethes schöne Bemerkung: »Kinder halten nicht was sie
versprechen; junge Leute sehr selten, und wenn sie
Wort halten, hält es ihnen die Welt nicht.« (Wahlverwandtschaften, T. 1, Kap. 10.) Die Welt nämlich,
welche die Kronen, die sie für das Verdienst hoch
emporhielt, nachher Denen aufsetzt, welche Werk-
zeuge ihrer niedrigen Absichten werden, oder aber
sie zu betrügen verstehen. – Dem Gesagten gemäß
gibt es, wie eine bloße Jugendschönheit, die fast
Jeder Ein Mal besitzt (beauté du diable), auch eine
bloße Jugend-Intellektualität, ein gewisses geistiges,
zum Auffassen, Verstehen, Lernen geneigtes und
geeignetes Wesen, welches Jeder in der Kindheit,

Einige noch in der Jugend haben, das aber danach sich verliert, eben wie jene Schönheit. Nur bei höchst Wenigen, den Auserwählten, dauert das Eine, wie das Andere, das ganze Leben hindurch fort; so daß selbst im höheren Alter noch eine Spur davon sichtbar bleibt: dies sind die wahrhaft schönen, und die wahrhaft genialen Menschen.

[...]

SELBSTDENKEN

§. 257.

Wie die zahlreichste Bibliothek, wenn ungeordnet, nicht so viel Nutzen schafft, als eine sehr mäßige, aber wohlgeordnete; eben so ist die größte Menge von Kenntnissen, wenn nicht eigenes Denken sie durchgearbeitet hat, viel weniger Wert, als eine weit geringere, die aber vielfältig durchdacht worden. Denn erst durch das allseitige Kombinieren Dessen, was man weiß, durch das Vergleichen jeder Wahrheit mit jeder anderen, eignet man sein eigenes Wissen sich vollständig an und bekommt es in seine Gewalt. Durchdenken kann man nur was man weiß; daher man etwas lernen soll: aber man weiß auch nur, was man durchdacht hat.

Nun aber kann man sich zwar willkürlich applizieren auf Lesen und lernen; auf das Denken hingegen eigentlich nicht. Dieses nämlich muß, wie das Feuer durch einen Luftzug, angefacht und unterhalten werden durch irgend ein Interesse am Gegenstande desselben; welches entweder ein rein objektives, oder aber bloß ein subjektives sein mag. das letztere ist allein bei unseren persönlichen Angelegenheiten vorhanden, das erste aber nur für die von Natur denkenden Köpfe, denen das Denken so natürlich ist, wie das Atmen, welche aber sehr selten sind. Daher ist es mit den meisten Gelehrten so wenig.

§. 258.

Die Verschiedenheit zwischen der Wirkung, welche das Selbstdenken, und der, welche das Lesen auf den Geist hat, ist unglaublich groß; daher sie die ursprüngliche Verschiedenheit der Köpfe, vermöge welcher man zum Einen, oder zum Andern getrieben wird, noch immerfort vergrößert. Das Lesen zwingt dem Geiste Gedanken auf, die der Richtung und Stimmung, welche er für den Augenblick hat, so fremd und heterogen sind, wie das Petschaft dem Lack, welchem es sein Siegel aufdrückt. Der Geist erleidet dabei totalen Zwang von außen, jetzt Dies, oder Jenes zu denken, wozu er soeben gar keinen Trieb, noch Stimmung hat. – Hingegen beim Selbstdenken folgt er seinem selbsteigenen Triebe, wie diesen für den Augenblick entweder die äußere Umgebung, oder irgendeine Erinnerung näher bestimmt hat. Die anschauliche Umgebung nämlich dringt dem Geiste nicht EINEN bestimmten Gedanken auf, wie das Lesen; sondern gibt ihm bloß Stoff und Anlaß zu denken was seiner Natur und gegenwärtigen Stimmung gemäß ist. – Daher nun nimmt das VIELE Lesen dem Geiste alle Elastizität; wie ein fortdauernd drückendes Gewicht sie einer Springfeder nimmt. Dies ist der Grund, warum die Gelehrsamkeit die meisten Menschen noch geistloser und einfältiger macht, als sie schon von Natur aus sind.

§. 259.

Im Grunde haben nur die eigenen Grundgedanken Wahrheit und Leben: denn nur sie versteht man recht eigentlich und ganz. Fremde, gelesene Gedanken sind die Überbleibsel eines fremden Mahles, die abgelegten Kleider eines fremden Gastes.

Zum eigenen, in uns aufsteigenden Gedanken verhält der fremde, gelesene, sich wie der Abdruck einer Pflanze der Vorwelt im Stein zur blühenden Pflanze des Frühlings.

§ 260.

Lesen ist ein bloßes Surrogat des eigenen Denkens. Man läßt dabei seine Gedanken von einem Andern am Gängelbande führen. Zudem taugen viele Bücher bloß, zu zeigen, wie viel Irrwege es gibt und wie arg man sich verlaufen könnte, wenn man von ihnen sich leiten ließe. Den aber der Genius leitet, d. h. der selbst denkt, freiwillig denkt, richtig denkt, − der hat die Bussole[8], den rechten Weg zu finden. − Lesen soll man also nur dann, wann die Quelle der eigenen Gedanken stockt; was auch beim besten Kopfe oft genug der Fall sein wird. Hingegen die eigenen, urkräftigen Gedanken verscheuchen, um ein Buch zur Hand zu nehmen, ist Sünde wider den heiligen

---

[8] Kompaß mit Kreisteilung und Ziellinie zur Festlegung von Richtungen und Richtungsänderungen in unübersichtlichem Gelände und unter Tage

Geist. Man gleicht alsdann Dem, der aus der freien Natur flieht, um ein Herbarium zu besehen, oder um schöne Gegenden im Kupferstiche zu betrachten.

Wenn man auch bisweilen eine Wahrheit, eine Einsicht, die man mit vieler Mühe und langsam durch eigenes Denken und Kombinieren herausgebracht hat, hätte mit Bequemlichkeit in einem Buche ganz fertig vorfinden können; so ist sie doch hundert Mal mehr Wert, wenn man sie durch eigenes Denken erlangt hat. Denn nur alsdann tritt sie als integrierender Teil, als lebendiges Glied, ein, in das ganze System unserer Gedanken, steht mit demselben in vollkommenen und festen Zusammenhange, wird mit allen ihren Gründen und Folgen verstanden, trägt die Farbe, den Farbton, das Gepräge unsrer ganzen Denkweise, ist eben zur rechten Zeit, als das Bedürfnis derselben rege war, gekommen, sitzt daher fest und kann nicht wieder verschwinden. Demnach findet hier Göthe's Vers,

> „Was du ererbt von deinen Vätern hast,
> Erwirb' es, um es zu besitzen,"

seine vollkommene Anwendung, ja, Erklärung.

Hingegen klebt die bloß erlernte Wahrheit uns nur an, wie ein angesetztes Glied, ein falscher Zahn, eine wächserne Nase, oder höchstens wie eine rhinoplastische[9] aus fremdem Fleische. Die durch eigenes Denken erworbene Wahrheit aber gleicht dem natürlichen Gliede: sie allein gehört uns wirklich an. Da-

---

[9] eine mittels Operation künstlich gebildete Nase

rauf beruht der Unterschied zwischen dem Denker und dem bloßen Gelehrten. Daher sieht der geistige Erwerb des Selbstdenkers aus, wie ein schönes Gemälde, das lebendig hervortritt, mit richtigem Lichte und Schatten, gehaltenem Ton, vollkommener Harmonie der Farben. Hingegen gleicht der geistige Erwerb des bloßen Gelehrten einer großen Palette, voller bunter Farben, allenfalls systematisch geordnet, aber ohne Harmonie, Zusammenhang und Bedeutung.

§. 261.

LESEN heißt mit einem fremden Kopfe, statt des eigenen, denken. Nun ist aber dem eigenen Denken, aus welchem allemal ein zusammenhängendes Ganzes, ein, wenn auch nicht streng abgeschlossenes, System sich zu entwickeln trachtet, nichts nachteiliger, als ein, vermöge beständigen Lesens, zu starker Zufluß fremder Gedanken; weil diese, jeder einem andern Geiste entsprossen, einem andern Systeme angehörend, eine andere Farbe tragend, nie von selbst zu einem Ganzen des Denkens, des Wissens, der Einsicht und Überzeugung zusammenfließen, vielmehr eine leise babylonische Sprachverwirrung im Kopfe anrichten und dem Geiste, der sich mit ihnen überfüllt hat, nunmehr alle klare Einsicht benehmen und so ihn beinahe desorganisieren. Dieser Zustand ist an vielen Gelehrten wahrzunehmen und macht, daß sie an gesundem

Verstande, richtigem Urteil und praktischem Takte
vielen Ungelehrten nachstehen, welche die von
außen, durch Erfahrung, Gespräch und wenige Lek-
türe ihnen zugekommene geringe Kenntnis stets dem
eigenen Denken untergeordnet und einverleibt haben. Eben Dieses nun tut, nach einem größeren
Maßstabe, auch der wissenschaftliche DENKER.
Obgleich er nämlich viele Kenntnisse nötig hat und
daher viel lesen muß, so ist doch sein Geist stark
genug, dies Alles zu bewältigen, es zu assimilieren,
dem Systeme seiner Gedanken einzuverleiben und
es so dem organisch zusammenhängenden ganzen
seiner immer wachsenden, großartigen Einsicht
unterzuordnen; wobei sein eigenes Denken, wie der
Grundbaß der Orgel, stets Alles beherrscht und nie
von fremden Tönen übertäubt wird, wie Dies hingegen der Fall ist in den bloß polyhistorischen
Köpfen, in welchen gleichsam Musikfetzen aus allen
Tonarten durcheinanderlaufen und der Grundton gar
nicht mehr zu finden ist.

§. 262.

Die Leute, die ihr Leben mit Lesen zugebracht und
ihre Weisheit aus Büchern geschöpft haben, gleichen
denen, welche aus vielen Reisebeschreibungen sich
genaue Kunde von einem Lande erworben haben.
Diese können über Vieles Auskunft erteilen: aber im
Grunde haben sich doch keine zusammenhängende,
deutliche, gründliche Kenntnis von der Beschaf-

fenheit des Landes. Hingegen Die, welche ihr Leben
mit Denken zugebracht haben, gleichen Solchen, die
selbst in jenem Lande gewesen sind: sie allein wissen eigentlich wovon die Rede ist, kennen die Dinge
dort im Zusammenhang und sind wahrhaft darin zu
Hause.

§. 263.

Zu einem Selbstdenker verhält sich der gewöhnliche
Bücherphilosoph, wie zu einem Augenzeugen ein
Geschichtsforscher: Jener redet aus eigener, unmit-
telbarer Auffassung der Sache. Daher stimmen alle
Selbstdenker im Grunde doch überein, und ihre
Verschiedenheit entspringt nur aus der des Stand-
punktes: wo aber dieser nichts ändert, sagen sie alle
das Selbe. Denn sie sagen bloß aus, was sie objektiv
aufgefaßt haben. Oft habe ich Sätze, die ich, ihrer
Paradoxie wegen, nur zaudernd vor das Publikum
brachte, nachmals, zu meinem freudigen Erstaunen,
in alten Werken großer Männer ausgesprochen
gefunden. – Der Bücherphilosoph hingegen berich-
tet, was Dieser gesagt und Jener gemeint und was
dann wieder ein Anderer eingewandt hat u.s.w. Das
vergleicht er, wägt es ab, kritisiert es und sucht so
hinter die Wahrheit der Sachen zu kommen; wobei
er dem kritischen Geschichtsschreiber ganz ähnlich
wird. So wird er z. B. Untersuchungen anstellen, ob
Leibniz wohl, zu irgend einer Zeit, auf eine Weile,
ein Spinozist gewesen sei u. dgl. m. Recht deutliche

Beispiele zu dem hier Gesagten liefern dem kuriosen Liebhaber HERBARTS »Analytische Beleuchtung der Moral und des Naturrechts«, imgleichen dessen »Briefe über die Freiheit«. – Man könnte sich wundern über die viele Mühe, die so Einer sich gibt; da es scheint, daß, wenn er nur die Sache selbst ins Auge fassen wollte, er durch ein wenig Selbstdenken bald zum Ziele gelangen würde. Allein damit hat es einen kleinen Anstand; indem Das nicht von unserm Willen abhängt: man kann jederzeit sich hinsetzen und lesen; nicht aber – und denken. Es ist nämlich mit Gedanken, wie mit Menschen: man kann nicht immer, nach Belieben, sie rufen lassen; sondern muß abwarten, daß sie kommen. Das Denken über einen Gegenstand muß sich von selbst einstellen, durch ein glückliches, harmonierendes Zusammentreffen des äußeren Anlasses mit der inneren Stimmung und Spannung: und gerade Das ist es, was jenen Leuten nie kommen will. – Indessen ist sogar der größte Kopf nicht jederzeit zum Selbstdenken fähig. Daher tut er wohl, die übrige Zeit zum Lesen zu benutzen, als welches, wie gesagt, ein Surrogat des eigenen Denkens ist und dem Geiste Stoff zuführt, indem dabei ein Anderer für uns denkt, wiewohl stets auf eine Weise, die nicht die unsrige ist. Dieserhalb eben soll man nicht zu viel lesen; damit nicht der Geist sich an das Surrogat gewöhne und darüber die Sache selbst verlerne, also damit er nicht sich an schon ausgetretene Pfade gewöhne, und damit das Gehen eines fremden Gedankensganges ihn nicht dem eigenen entfremde. Am allerwenigsten soll man, des

Lesens wegen, dem Anblick der realen Welt sich ganz entziehen; da der Anlaß und die Stimmung zum eigenen Denken ungleich öfter bei diesem, als beim Lesen sich einfindet. Denn das Anschauliche, das Reale, in seiner Ursprünglichkeit und Kraft, ist der natürliche Gegenstand des denkenden Geistes und vermag am leichtesten ihn tief zu erregen.

Nach diesen Betrachtungen wird es uns nicht wundern, daß der Selbstdenker und der Bücherphilosoph schon am Vortrage leicht zu erkennen sind; Jener am Gepräge des Ernstes, der Unmittelbarkeit und Ursprünglichkeit, am Autoptischen aller seiner Gedanken und Ausdrücke; Dieser hingegen daran, daß Alles aus zweiter Hand ist, überkommene Begriffe, zusammengetrödelter Kram, matt und stumpf, wie der Abdruck eines Abdrucks; und sein aus konventionellen, ja, banalen Phrasen und gangbaren Modeworten bestehender Stil gleicht einem kleinen Staate, des Zirkulation aus lauter fremden Münzsorten besteht, weil er nicht selbst prägt.

§. 264.

So wenig, wie das Lesen, kann die bloße Erfahrung das Denken ersetzen. Die reine Empirie verhält sich zum Denken, wie Essen zum Verdauen und Assimilieren. Wenn jene sich brüstet, daß sie allein, durch ihre Entdeckungen, das menschliche Wissen gefördert habe; so ist es, wie wenn der Mund sich rühmen wollte, daß der Bestand des Leibes sein Werk allein sei.

§. 265.

Das charakteristische Merkmal der Geister ersten Ranges ist die Unmittelbarkeit aller ihrer Urteile. Alles was sie vorbringen ist Resultat ihres selbsteigenen Denkens und kündigt sich, schon durch den Vortrag, überall als solches an. Sie haben sonach, gleich den Fürsten, eine Reichsunmittelbarkeit, im Reiche der Geister: die Übrigen sind alle mediatisiert; welches schon an ihrem Stil, der kein eigenes Gepräge hat, zu sehen ist.

Jeder wahre Selbstdenker also gleicht insofern einem Monarchen: er ist unmittelbar und erkennt niemanden über sich. Seine Urteile, wie die Beschlüsse eines Monarchen, entspringen aus seiner eigenen Machtvollkommenheit und gehen unmittelbar von ihm selbst aus. Denn, so wenig wie der Monarch Befehle, nimmt er Autoritäten an, sondern läßt nichts gelten, als was er selbst bestätigt hat. — Das Vulgus der Köpfe hingegen, befangen in allerlei geltenden Meinungen, Autoritäten und Vorurteilen, gleicht dem Volke, welches dem Gesetze und Befehle schweigend gehorcht.

§. 266.

Die Leute, welche so eifrig und eilig sind, strittige Fragen durch Anführung von Autoritäten zu entscheiden, sind eigentlich froh, wenn sie, statt eigenen Verstandes und Einsicht, daran es fehlt, fremde ins Feld stellen können. Ihre Zahl ist Legion.

§. 267.

Im Reiche der Wirklichkeit, so schön, glücklich und anmutig sie auch ausgefallen sein mag, bewegen wir uns doch stets nur unter den Einfluß der Schwere, welcher unaufhörlich zu überwinden ist: hingegen sind wir im Reiche der Gedanken, unkörperliche Geister, ohne Schwere und ohne Not. Daher kommt kein Glück auf Erden dem gleich, welches ein schöner und fruchtbarer Geist, zur glücklichen Stunde, in sich selbst findet.

§. 268.

Die Gegenwart eines Gedankens ist wie die Gegenwart einer Geliebten. Wir meinen, diesen Gedanken werden wir nie vergessen und diese Geliebte könne uns nie gleichgültig werden. Allein aus den Augen, aus dem Sinn! Der schönste Gedanke läuft Gefahr, unwiederbringlich vergessen zu werden, wenn er

nicht aufgeschrieben, und die Geliebte, von uns ge-
flohen zu werden, wenn sie nicht angetraut worden.

§. 269.

Es gibt Gedanken die Menge, welche Wert haben für
Den, der sie denkt; aber nur wenige unter ihnen,
welche die Kraft besitzen, noch durch Reperkussion,
oder Reflexion, zu wirken, d.h. nachdem sie nieder-
geschrieben worden, dem Leser Anteil abzugewin-
nen.

§. 270.

Dabei aber hat doch nur Das wahren Wert, was
Einer zunächst bloß FÜR SICH SELBST gedacht hat.
Man kann nämlich die Denker einteilen in solche,
die zunächst FÜR SICH, und solche, die sogleich FÜR
ANDERE denken. Jene sind die echten, sind die
SELBSTDENKER, im zwiefachen Sinne des Wortes:
sie sind die eigentlichen PHILOSOPHEN. Denn ihnen
allein ist es Ernst mit der Sache. Auch besteht der
Genuß und das Glück ihres Daseins eben im Denken. Die anderen sind die SOPHISTEN: sie wollen
SCHEINEN, und suchen ihr Glück in Dem, was sie dadurch von Anderen zu erlangen hoffen: hierin liegt
ihr Ernst. Welcher von beiden Klassen Einer ange-
höre, läßt sich bald merken, an seiner ganzen Art

und Weise. LICHTENBERG ist ein Muster der ersten
Art: HERDER gehört schon der zweiten an.

§. 271.

Wenn man wohl erwägt, wie groß und wie nahe
liegend das PROBLEM DES DASEINS ist, dieses zwei-
deutigen, gequälten, flüchtigen, traumartigen Daseins; – so groß und so nahe liegend, daß, sobald
man es gewahr wird, es alle anderen Probleme und
Zwecke überschattet und verdeckt; – und wenn man
nun dabei vor Augen hat, wie alle Menschen, – einige wenige und seltene ausgenommen, – dieses Pro-
blems sich nicht deutlich bewußt, ja, seiner gar nicht
inne zu werden scheinen, sondern um alles Andere
eher, als darum, sich bekümmern, und dahinleben,
nur auf den heutigen Tag und die fast nicht längere
Spanne ihrer persönlichen Zukunft bedacht, indem
sie jenes Problem entweder ausdrücklich ablehnen,
oder hinsichtlich desselben sich bereitwillig abfin-
den lassen mit irgend einem Systeme der Volks-
metaphysik und damit ausreichen; – wenn man, sage
ich, Das wohl erwägt; so kann man der Meinung
werden, daß der Mensch doch nur sehr im weiteren
Sinne ein DENKENDES Wesen heiße, und wird fortan
über keinen Zug von Gedankenlosigkeit, oder Einfalt, sich sonderlich wundern, vielmehr wissen, daß
der intellektuelle Gesichtskreis des Normalmenschen zwar über den des Tieres, – dessen ganzes
Dasein, der Zukunft und Vergangenheit sich nicht

bewußt, gleichsam eine einzige Gegenwart ist, – hinausgeht, aber doch nicht so unberechenbar weit, wie man wohl anzunehmen pflegt.

Diesem entspricht es sogar, daß man auch im Gespräche die Gedanken der meisten Menschen so kurz abgeschnitten findet, wie Häckerling, daher kein längerer Faden sich herausspinnen läßt.

Auch könne unmöglich, wenn diese Welt von eigentlich denkenden Wesen bevölkert wäre, der Lärm jeder Art so unbeschränkt erlaubt und freigegeben sein, wie sogar der entsetzlichste und dabei zwecklose es ist. – Wenn nun aber gar schon die Natur den Menschen zum Denken bestimmt hätte; so würde sie ihm keine Ohren gegeben, oder dies wenigstens, wie bei den Fledermäusen, die ich darum beneide, mit luftdichten Schließklappen versehen haben. In Wahrheit aber ist er, gleich den anderen, ein armes Tier, dessen Kräfte bloß auf die Erhaltung seines Daseins berechnet sind, weshalb er stets offenen Ohren bedarf, als welche, auch unbefragt und bei Nacht wie bei Tage, die Annäherung des Verfolgers ankündigen.